COMPRENDRE VOTRE
esprit et votre corps

L'autisme

AJ Knight

Explorez d'autres livres sur:
WWW.ENGAGEBOOKS.COM

VANCOUVER, B.C.

e WWW.ENGAGEBOOKS.COM

L'autisme: Comprendre votre esprit et votre corps
Lee, Ashley 1995 –
Texte © 2023 Engage Books
Conception © 2023 Engage Books

Édité par: A.R. Roumanis et Sarah Harvey
Conception par: Rose Gowsell Pattison
Traduire: Amanda Yasvinski
Relectrice: Vicky Frost

Texte en Montserrat Regular.
Titres de chapitre définis dans Hobgoblin.

FIRST EDITION / FIRST PRINTING

Ce livre n'est pas destiné à remplacer les conseils d'un professionnel de la santé ou de la psychologie ou à être un outil pour le diagnostic. C'est un outil éducatif pour aider les enfants à comprendre ce qu'eux-même ou d'autres personnes dans leur vie vivent.

Photo d'Armani Williams par Zach Catanzareti. Tous les efforts raisonnables ont été faits pour contacter les détenteurs des droits d'auteur de tout le matériel reproduit dans ce livre.

CATALOGAGE AVANT PUBLICATION DE BIBLIOTHÈQUE ET ARCHIVES CANADA

Titre: L'autisme / AJ Knight.
Autres titres: Autism. Français
Noms: Knight, AJ, auteur.
Description: Mention de collection: Comprendre votre esprit et votre corps | Traduction de : Autism.

Identifiants: Canadiana (livre imprimé) 2024037858X | Canadiana (livre numérique) 20240378601 |
ISBN 978-1-77878-374-6 (couverture rigide)
ISBN 978-1-77878-375-3 (couverture souple)
ISBN 978-1-77878-377-7 (pdf)
ISBN 978-1-77878-376-0 (epub)

Vedettes-matière:
RVM: Autisme—Ouvrages pour la jeunesse.
RVM: Enfants autistes—Ouvrages pour la jeunesse.
RVM: Autisme infantile—Ouvrages pour la jeunesse.
RVMGF: Livres documentaires pour la jeunesse.

Classification: LCC RJ506.A9 .K6414 2024 | CDD J618.92/85882—DC23

Ce projet a été rendu possible en partie grâce au gouvernement du Canada.

Canada

Contenu

> L'autisme n'est pas une maladie. N'importe qui peut être autiste.

Qu'est-ce que l'autisme ?

L'autisme affecte le cerveau. Les personnes autistes communiquent, socialisent et pensent différemment des non-autistes. L'autisme est aussi appelé trouble du spectre autistique (TSA).

L'utilisation de mots comme **autisme à haut ou bas niveau de fonctionnement** peut être nuisible et imprécise. Parler du type de soutien dont une personne a besoin est plus utile. Par exemple, certaines personnes ont besoin d'aide dans une grande foule.

MOT-CLÉ

Autisme à haut ou bas niveau de fonctionnement : une façon dépassée d'expliquer à quel point une personne autiste a besoin d'aide.

Être « dans le spectre de l'autisme » signifie que l'autisme est différent pour chaque personne.

Qu'est-ce qui cause l'autisme?

Les personnes autistes naissent avec l'autisme. Les signes de l'autisme peuvent être remarqués avant l'âge de trois ans. Il n'y a rien de mal à être autiste.

L'autisme peut être transmis par vos parents.

Chaque personne autiste est unique. Les personnes autistes seront toujours autistes.

L'autisme n'est PAS causé par :
- Les médicaments
- Mauvaise parentalité
- La nourriture
- Une infection

Comment l'autisme affecte-t-il votre cerveau ?

Les cerveaux autistes peuvent être plus gros et plus lourds que les cerveaux non autistes. Certaines parties du cerveau ont plus de connexions. D'autres parties du cerveau ont moins de connexions.

> Les cerveaux autistes sont environ 3 % plus gros que les cerveaux non autistes.

Le cerveau et **le cervelet** sont différents chez les personnes autistes. Les personnes autistes peuvent se tenir debout ou bouger différemment des non-autistes. Les enfants autistes ont généralement moins de contrôle sur leurs chevilles, leurs genoux et leurs hanches.

Le cerveau:

Partie du cerveau qui nous aide à penser, à bouger et à comprendre le langage.

Le cervelet:

Partie du cerveau qui nous aide à parler et à contrôler nos mouvements.

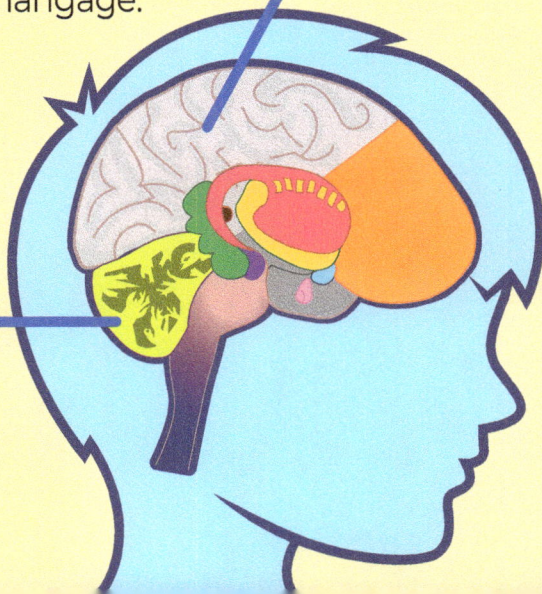

Comment l'autisme affecte-t-il votre corps ?

Les bébés autistes peuvent prendre plus de temps pour commencer à marcher et à parler. Certains autistes peuvent marcher sur la pointe des pieds ou s'affaisser. La **stimulation** est courante chez les autistes.

MOT-CLÉ

Le stimming: faire des mouvements ou des sons répétés pour rester calme ou concentré.

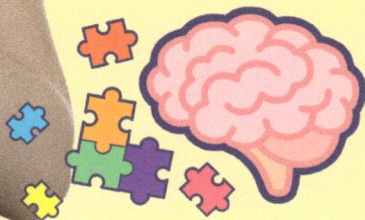

Certains autistes ont des sens plus forts que les non-autistes. Les bruits forts, les foules ou les vêtements qui grattent peuvent être très agréables ou très désagréables. Certaines personnes autistes peuvent être **non verbales**.

Non verbal : incapable de communiquer en parlant.

Il y a des choses que vous pouvez faire si vous vous sentez dépassé. Cela inclut la stimulation et le port d'écouteurs ou de lunettes de soleil.

Qu'est-ce que l'autisme vous fait ressentir ?

De nombreuses personnes autistes disent qu'ils se sentent différents des autres. Ils pourraient remarquer des choses que personne d'autre ne remarque. Les autistes ont souvent des **intérêts particuliers**.

MOT-CLÉ

Les intérêts particuliers: les choses sur lesquelles vous voulez tout savoir et sur lesquelles vous pouvez vous concentrer pour toujours.

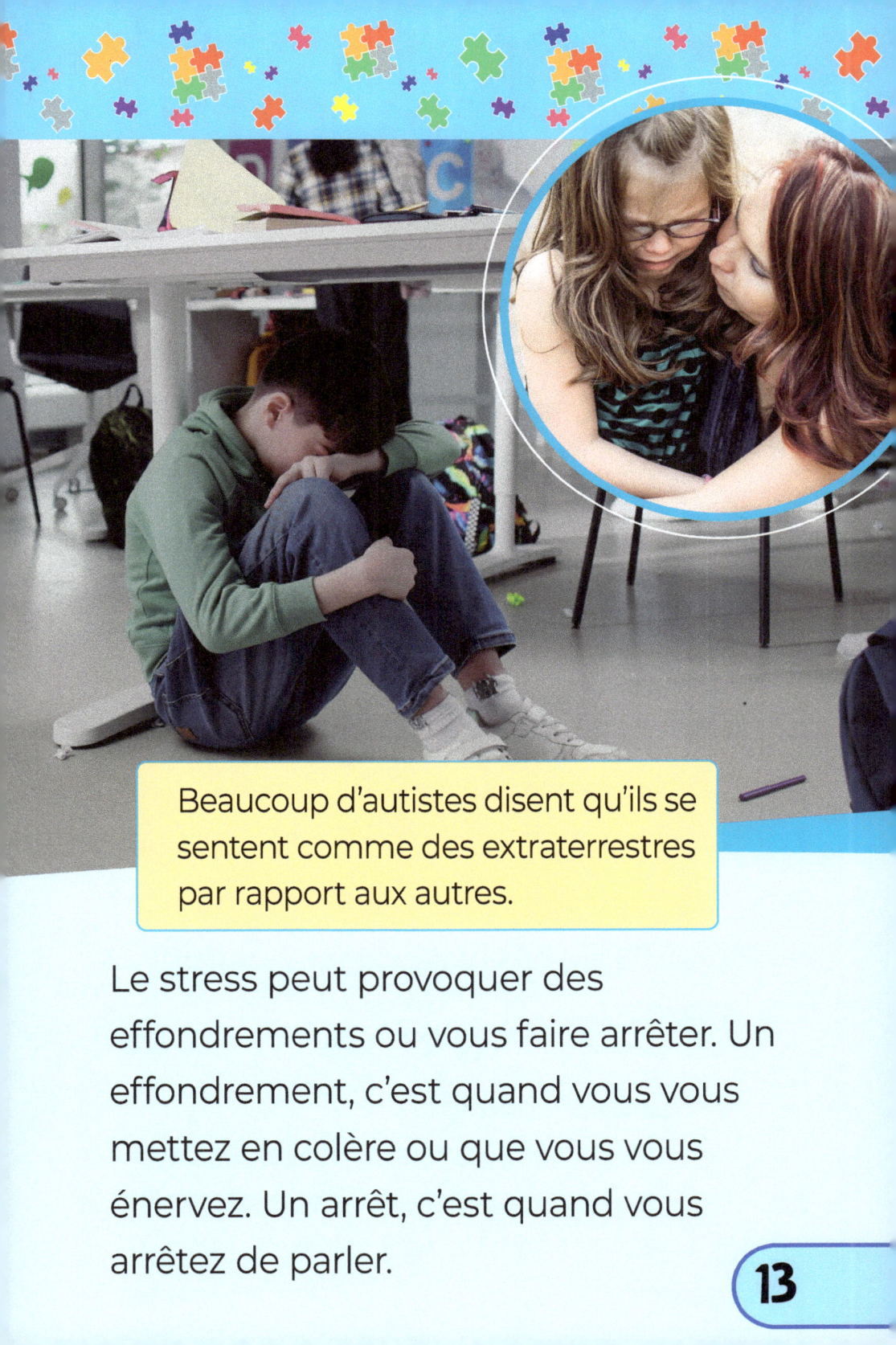

Beaucoup d'autistes disent qu'ils se sentent comme des extraterrestres par rapport aux autres.

Le stress peut provoquer des effondrements ou vous faire arrêter. Un effondrement, c'est quand vous vous mettez en colère ou que vous vous énervez. Un arrêt, c'est quand vous arrêtez de parler.

Comment diagnostique-t-on l'autisme ?

Les médecins et **les psychologues** peuvent aider les personnes de tout âge à déterminer si elles sont autistes. Ils vous poseront beaucoup de questions sur votre vie et sur ce que vous ressentez et pensez aux choses.

MOT-CLÉ

Les psychologues :
des professionnels formés qui aident les gens à comprendre et à changer leur comportement.

Parfois, les symptômes de l'autisme ne sont pas remarqués. Les gens ne reçoivent pas l'aide dont ils ont besoin. Les filles autistes sont plus susceptibles d'utiliser **le masquage** pour se fondre.

MOT-CLÉ

Le masquage : masquer les comportements qui peuvent vous différencier des autres.

Demander de l'aide

Les personnes autistes vivent dans un monde construit pour les non-autistes. Réfléchissez à la meilleure façon que vous communiquez avec les autres. Demander de l'aide peut sembler différent pour chaque personne autiste.

Demander de l'aide peut être difficile.
Mais c'est très important ! Trouvez un
adulte avec qui vous pouvez parler de ce
que vous ressentez.

« Tout le monde
à l'école semble
s'intégrer, sauf
moi. Pouvez-vous
m'aider? »

« Mon amie Avery
est autiste et je pense
que je pourrais l'avoir
aussi. Comment savoir
si je suis autiste ? »

« Je n'aime pas
les grandes foules ou
les lumières vives. Y
a-t-il quelque chose
qui ne va pas
avec moi ? »

Comment aider les autres avec l'autisme

Ne forcez jamais quelqu'un à parler de son autisme. S'ils choisissent de vous le dire, soyez un bon auditeur. Ne vous demandez pas si quelqu'un est réellement autiste.

La façon dont chaque personne vit l'autisme sera différente. La meilleure chose à faire est d'écouter !

Se coucher sous une couverture lestée peut aider pendant une crise.

Ne paniquez pas si quelqu'un s'effondre. Laissez-les stimuler et donnez-leur de l'espace. N'arrêtez jamais quelqu'un de stimuler. Si leur stimulation leur fait mal, trouvez un adulte qui peut les aider à trouver une autre façon de stimuler.

L'histoire de l'autisme

Le mot autisme a été utilisé pour la première fois en 1908. En 1938, le Dr Leo Kanner a écrit sur ses jeunes patients. Ils étaient très intelligents mais avaient un « puissant désir de solitude ». Il a appelé leur état « l'autisme **infantile** précoce ». Il a poussé les adultes à traiter les enfants autistes avec gentillesse.

MOT-CLÉ

Infantile : se produit chez les bébés ou les jeunes enfants.

En 1944, un médecin autrichien du nom de Hans Asperger a écrit sur une forme plus douce d'autisme. En 1981, de nombreuses personnes autistes ont été diagnostiquées comme ayant le syndrome d'Asperger. Certaines personnes n'aiment pas le mot Asperger parce que Hans Asperger a aidé le gouvernement allemand pendant la Seconde Guerre mondiale. Nous ne diagnostiquons plus les personnes avec le syndrome Asperger.

Le nom de trouble du spectre autistique (TSA) a été utilisé pour la première fois en 2013. Le TSA comprend tous les types de personnes autistes. Certaines personnes commencent à utiliser le nom de condition du spectre autistique (ASC) parce que l'autisme n'est pas un trouble.

21

Les super-héros de l'autisme

Ce n'est pas tout le monde qui veut parler de son autisme. Faites ce qui vous semble confortable et respectez ce que les autres décident. Voici quelques super-héros de l'autisme qui sont d'accord pour partager leur expérience avec l'autisme.

Hannah Gadsby a été diagnostiquée autiste à l'âge adulte. Elle s'était toujours sentie différente et avait du mal à comprendre les signaux sociaux. La comédienne adore se connecter à une pièce remplie de personnes et les faire rire.

Armani Williams a été diagnostiqué autiste à l'âge de deux ans. Il est tombé amoureux de la course automobile dans son enfance et a rejoint NASCAR à l'âge de 16 ans. Armani veut inspirer d'autres personnes autistes à poursuivre leurs rêves.

Greta Thunberg est connue dans le monde entier pour son activisme climatique. Plus de quatre millions de personnes de 161 pays ont rejoint Greta dans une grève climatique. Elle dit que son autisme est une « superpuissance » et inspire de nombreux autistes.

23

Astuce 1 pour l'autisme : Prendre soin de soi

Prendre soin de votre corps peut être difficile si vous êtes autiste. Les odeurs fortes ou les textures étranges peuvent être accablantes. Trouvez des stratégies qui vous aident à rester en bonne santé!

Ayez un journal sensoriel. Cela aide à savoir quels sons, sensations ou odeurs sont difficiles pour vous. De cette façon, vous pouvez créer une routine d'auto-soins juste pour vous !

Si la douche est trop intense, essayez de prendre un bain. Si se brosser les dents est difficile, essayez différents types de brosses à dents. Essayez également de régler une minuterie ! Savoir qu'il y a une fin peut aider.

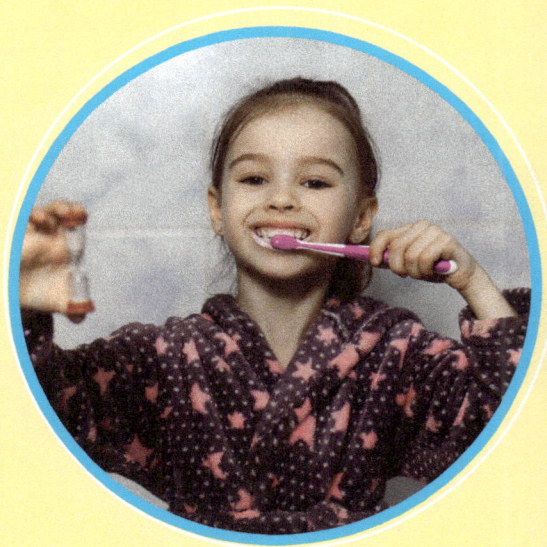

Si quelque chose est difficile à retenir, faire un horaire. Essayez de mettre un calendrier sur le réfrigérateur. Rendez-le aussi détaillé que vous le souhaitez et ajoutez des récompenses !

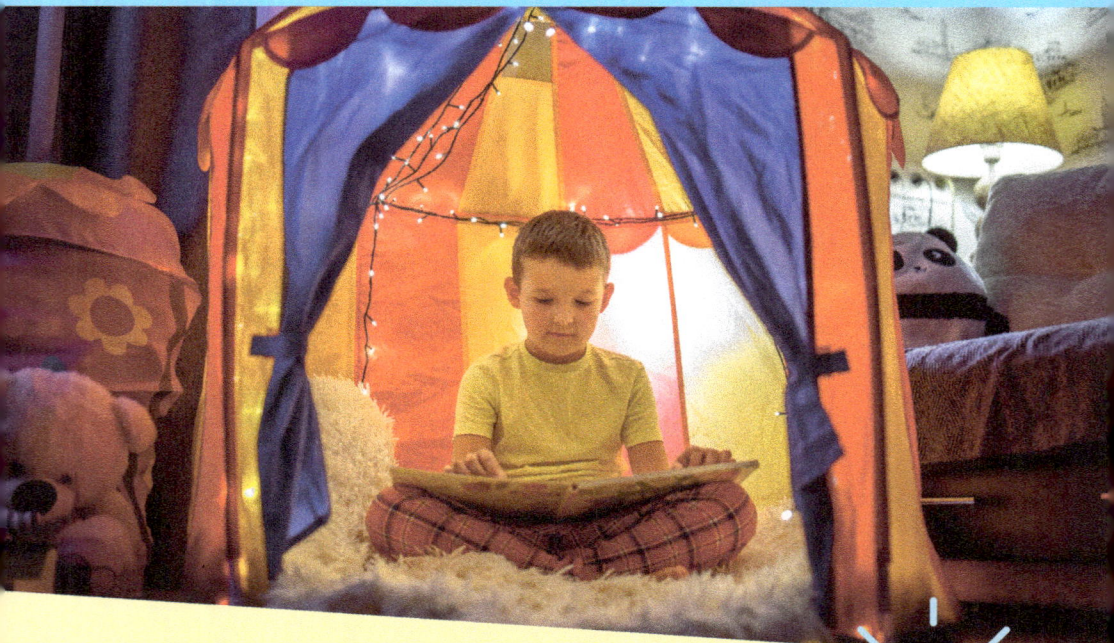

Astuce pour l'autisme 2 : Rendre votre vie adaptée à l'autisme

Chaque personne autiste est différente. Savoir ce qui vous aide est essentiel pour rendre votre vie adaptée aux personnes autistes !

Voici quelques idées pour rendre votre vie adaptée aux personnes autistes :

1. Créez un espace sûr où vous pouvez aller.

2. Utilisez des jouets stimulants.

3. Régler des minuteries pour les choses que vous n'aimez pas faire.

4. Donnez-vous le temps de profiter de votre intérêt particulier.

5. Portez des écouteurs pour bloquer le bruit.

6. Si vous allez dans un nouvel endroit, faites des recherches à ce sujet avant de partir.

Astuce 3 pour l'autisme : Se connecter avec les autres

Un enfant sur 44 aux États-Unis est autiste. C'est environ 1,7 million ! Trouvez d'autres enfants autistes près de chez vous ou demandez à un adulte de trouver des rencontres virtuelles.

Trouver une communauté de personnes comme vous peut être utile et amusant. Vous pouvez vous faire de nouveaux amis et découvrir de nouvelles choses sur vous-même.

Quiz

Testez vos connaissances sur l'autisme en répondant aux questions suivantes. Les questions sont basées sur ce que vous avez lu dans ce livre. Les réponses se trouvent au bas de la page suivante.

1 Quelle partie du corps l'autisme affecte-t-il ?

2 L'autisme est-il causé par la médecine?

3 Qu'est-ce que le stimming ?

4 Que signifie non verbal ?

5 Nommez un super-héros de l'autisme.

6 Combien d'enfants aux États-Unis sont autistes ?

Découvrez d'autres lecteurs de niveau 3.

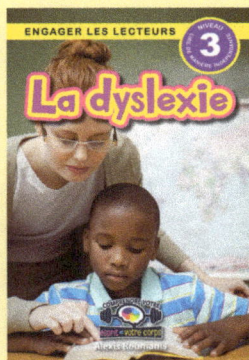

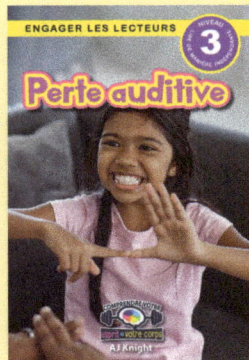

ENGAGER LES LECTEURS — NIVEAU 3 — **L'anxiété** — Anthony Sun & J Smith

ENGAGER LES LECTEURS — NIVEAU 3 — **L'asthme** — Sarah Harvey

ENGAGER LES LECTEURS — NIVEAU 3 — **L'autisme** — AJ Knight

ENGAGER LES LECTEURS — NIVEAU 3 — **L'image corporelle** — Ashley Lee & J Smith

ENGAGER LES LECTEURS — NIVEAU 3 — **L'obésité** — Kit Caudron-Robinson

ENGAGER LES LECTEURS — NIVEAU 3 — **La dyslexie** — Alexis Roumanis

ENGAGER LES LECTEURS — NIVEAU 3 — **La perte de vision** — Hannalora Leavitt & Sarah Harvey

ENGAGER LES LECTEURS — NIVEAU 3 — **Le diabète** — Kit Caudron-Robinson

ENGAGER LES LECTEURS — NIVEAU 3 — **Perte auditive** — AJ Knight

Visite www.engagebooks.com/readers

Les réponses:
1. Le cerveau 2. Non 3. Faire des mouvements ou des sons répétés pour rester calme ou concentré 4. Être incapable de communiquer en parlant 5. Hannah Gadsby, Armani Williams, Greta Thunberg 6. Un enfant sur 44 ou environ 1,7 million

www.ingramcontent.com/pod-product-compliance
Lightning Source LLC
Chambersburg PA
CBHW051237020426
42331CB00016B/3420